PUBLICATIONS DE LA RÉUNION DES OFFICIERS

MELANGES MILITAIRES
LXXI. LXXII. LXXIII.

LES MANŒUVRES

DE LA

GARDE PRUSSIENNE

EN 1872

PAR

M. WEIL

PARIS

CH. TANERA, ÉDITEUR

LIBRAIRIE POUR L'ART MILITAIRE ET LES SCIENCES

Rue de Savoie, 6

—

1872

LES MANŒUVRES

DE LA

GARDE PRUSSIENNE

EN 1872

PUBLICATIONS DE LA RÉUNION DES OFFICIERS

883 - Paris Imp. H. Carion, rue Bonaparte, 64.

PUBLICATION DE LA RÉUNION DES OFFICIERS

LES MANŒUVRES

DE LA

GARDE PRUSSIENNE

EN 1872

PAR

M. WEIL

PARIS

CH. TANERA, ÉDITEUR

LIBRAIRIE POUR L'ART MILITAIRE ET LES SCIENCES

Rue de Savoie, 6

1872

LES MANŒUVRES

DE LA

GARDE PRUSSIENNE

EN 1872

C'est pour la première fois que, depuis deux ans, un corps d'armée prussien a manœuvré sous les yeux de l'empereur Guillaume et qu'a eu lieu une de ces grandes revues annuelles qui, connues en Prusse sous le nom de *revues royales*, ont depuis longtemps le privilége d'exciter la curiosité de tout le monde militaire. Ce sont ces revues, ces manœuvres, qui ont appris aux soldats à connaître à fond leur métier, aux généraux à savoir disposer utilement et sagement leurs troupes, et la guerre funeste de 1870-71 a fourni une preuve irrécusable de l'importance et de la nécessité de semblables exercices.

Outre l'attrait tout particulier que donnait à ces manœuvres la présence des empereurs de Russie et d'Autriche, elles offraient cette année un intérêt d'autant plus réel que l'on s'attendait à voir appliquer, pour la pemière fois, les principes des formations nouvelles que les observations recueillies, pendant le cours de la campagne de France, ont fait adopter en Allemagne. Des ordres récents, émanant de l'autorité supérieure, permettaient de supposer qu'on aurait, comme cela a eu lieu, occasion d'assister à ce moment à la mise en pratique des mouvements nouveaux dont on avait recommandé l'étude, et sur lesquels il sera bon de revenir plus longuement une autre fois.

Ce ne sont pas cependant ces formations, telles que la double ligne de tirailleurs, suivie à distance par des soutiens marchant soit par file, soit par section, qui nous ont le plus frappé dans ces dispositions nouvelles. Toute l'importance des nouveaux mouvements nous semble résider presque exclusivement dans cette phrase de l'instruction qu'on avait adressée aux troupes il y a quelque temps : *« A cause des ravages qu'occasionne la mousqueterie, la première ligne ne marchera plus, comme jadis, formée en colonne par bataillon, et la seule formation en colonne qu'il conviendra de faire exécuter sur le champ de bataille sera désormais la colonne de compagnie. »*

Des réformes de ce genre sont évidemment importantes et d'autant plus utiles qu'elles permettent de familiariser le soldat exclusivement avec les mouvements qu'il aura à faire sur le champ de bataille, et c'est tout naturellement à la garde royale, qui travaille sans cesse sous les yeux des officiers généraux les plus en renom de l'armée prussienne, que devait échoir la mission d'appliquer pour la première fois et d'expérimenter ces principes nouveaux.

La première manœuvre faite devant les trois empereurs était une manœuvre dans laquelle on opérait contre un ennemi supposé. Les manœuvres prussiennes sont, on le sait, de deux espèces : elles se font soit contre un ennemi supposé ou simplement indiqué, soit à l'aide de deux corps opérant l'un contre l'autre. Les premières ont surtout pour but de donner aux généraux l'occasion de faire marcher, conformément à un plan déterminé, une masse assez considérable de troupes qui se servent alors de tous les avantages du terrain ; les autres doivent être la représentation la plus exacte possible de la guerre, avec toutes ses chances et tous ses hasards.

Voici quelle était l'*idée générale* de la manœuvre du 9 septembre :

Le corps de la garde s'avance par le cours de l'Oder pour débloquer la place de Spandau. A son approche, l'ennemi lève le siége, évacue la rive gauche de l'Havel, mais en occupe encore la rive droite avec les forces considérables qui sont chargées de faire filer en arrière le matériel de siége.

Idée particulière. — Le commandant de la garde, après être arrivé avec le gros de ses forces jusqu'à Spandau et avoir poussé ses avant-postes jusque sur la rive droite de l'Havel, se prépare à attaquer et à battre l'ennemi, qui occupe les hauteurs situées à l'ouest de Staacken et d'Amalienhof, en essayant de tourner son aile droite avant qu'il ait réussi à faire partir son matériel de siége.

—

Composition des troupes qui ont pris part à la manœuvre du 9 septembre 1872.

1re division d'infanterie de la garde (commandant : général-lieutenant von Pape) :

1re brigade : 1er et 3e régiments de la garde, bataillon de chasseurs de la garde.

2e brigade : 2e et 4e régiments de la garde, régiment de hussards de la garde.

Une section du régiment d'artillerie montée de la garde, quatre batteries de quatre pièces.

2e division d'infanterie de la garde (commandant : général-lieutenant von Budritzky) :

3e brigade : régiment de grenadiers de la garde empereur

Alexandre n° 1, régiment de grenadiers de la garde reine Élisabeth n° 3, bataillon de Schützen de la garde.

4e brigade : régiment de grenadiers de la garde empereur François-Joseph n° 2, régiment de grenadiers de la garde, régiment de la reine n° 4, une compagnie de pionniers de la garde, 2e régiment de uhlans de la garde.

Une section du régiment d'artillerie montée de la garde, quatre batteries de quatre pièces.

Artillerie du corps (commandant : colonel von Helden-Sarnowski) :

Une section du régiment d'artillerie montée de la garde, quatre batteries de quatre pièces ; une section du régiment d'artillerie à cheval de la garde, deux batteries de quatre pièces.

Détachement de l'aile gauche (commandant général-major von Golz) :

Régiment de fusiliers de la garde, régiment mixte composé d'un bataillon du régiment de grenadiers de la garde (régiment du roi), d'un bataillon de grenadiers de la garde et d'un bataillon d'instruction ; trois compagnies du bataillon de pionniers de la garde.

Régiment de uhlans de Brandebourg (régiment empereur de Russie) n° 3, batterie d'instruction de l'école d'artillerie, quatre pièces.

Division de cavalerie de la garde (commandant : général-lieutenant comte von Golz) :

1re brigade : régiment des gardes du corps, régiment des cuirassiers de la garde.

2e brigade : régiments de uhlans de la garde n°s 1 et 3.

3e brigade : régiments de dragons de la garde n°s 1 et 2.

Une batterie à cheval de l'artillerie de la garde, quatre pièces.

Quartier général de Spandau, 8 septembre 1872,
5 heures du soir.

Ordre de marche.

« Le corps de la garde attaquera demain matin l'ennemi,
qui occupe les hauteurs entre Staacken et Amalienhof, et
cherchera à déborder son aile droite.

« La 1re division d'infanterie et l'artillerie du corps, qui
devra marcher dans la colonne, derrière le gros du premier
régiment, commenceront à déboucher de la porte de Potsdam à huit heures et demie. La 1re division se déploiera
pour attaquer les hauteurs d'Amalienhof et les vignes de
Spandau ; elle sera soutenue à droite par l'artillerie du
corps.

« La 2e division d'infanterie commencera à déboucher de la
porte d'Oranienburg à huit heures un quart, et poussera, à
huit heures et demie, son avant-garde, qu'elle aura renforcée
au préalable, dans la direction de Closterfeld et de Neu-
Staacken. Cette avant-garde devra s'emparer de ces villages
et s'établir sur les hauteurs situées près de Staacken, afin
d'attirer l'attention de l'ennemi, retranché dans ce village.
Le gros de la division se tiendra à 1,500 ou 2,000 pas de l'a-
vant-garde, constituera la réserve du corps d'armée et res-
tera à ma disposition.

« Le détachement de gauche protégera l'établissement des
ponts de bateaux entre Pichelswerder et Pichelsdorf ; ces
ponts devront être complétement achevés à huit heures. A
huit heures et demie, le détachement se dirigera sur Carolinenhöhe en passant par Pichelsdorf, précédera un peu l'aile
gauche de la 1re division de la garde dans son mouvement
offensif sur Seeburg, en s'éclairant soigneusement dans la
direction de Gatow et de Gross-Glienicke.

« Dès que le détachement de gauche aura passé les ponts, la division de cavalerie de la garde les franchira à son tour et marchera, en se dissimulant le plus possible et en passant auprès de Carolinenhöhe, dans la direction de Seeburg.

« Je me tiendrai de ma personne avec le gros de la 1re division d'infanterie, où l'on devra m'envoyer les communications que l'on aura à me faire.

« *Signé :* Prince AUGUSTE DE WURTEMBERG. »

Dans l'après-midi du 8, presque toutes les troupes de la garde avaient bivaqué. Le gros de la 1re division bivaquait à Charlottenbourg et à Ruhleben; une petite partie seulement de la division était encore cantonnée à Spandau. Le gros de la 2e division bivaquait au sud d'Haselhorst, les avant-gardes des deux divisions étaient établies à l'ouest de Spandau, le détachement de l'aile gauche était dans le Grünewald, auprès de Pichelsberg, d'où l'on avait jeté un pont de bateaux qui reliait la rive au Pichelswerder, une petite île de l'Havel, qu'occupait déjà un bataillon du régiment de fusiliers de la garde.

Le 9 au matin, les avant-gardes des deux divisions étaient prêtes à se porter en avant et trouvaient celles de la 1re division à la porte de Potsdam, d'où elle avait poussé des postes d'observation en avant du faubourg; celle de la 2e division à 1,000 pas à l'ouest des ouvrages de Spandau, le long des lignes de chemin de fer menant à Hambourg et à Lehrte.

Le détachement de gauche avait, de grand matin, coopéré à l'établissement de deux ponts, qui reliaient le Pichelswerder à la rive droite de l'Havel et qui étaient destinés l'un à l'infanterie, l'autre à la cavalerie et à l'artillerie.

A l'heure dite, les têtes des trois colonnes se mirent en marche.

L'infanterie d'avant-garde de la 1re division, après avoir dépassé les faubourgs, se déploya aussitôt et s'avança rapidement à travers une plaine presque unie, en longeant la route qui mène à Carolinenhöhe et en n'engageant que ses tirailleurs, tellement en avant que tout le gros de la 1re division put à son aise déboucher de la porte et se déployer hors du faubourg ; la batterie d'avant-garde prit position et, protégée par une partie du régiment de hussards de la garde, ouvrit le feu contre Amalienhof.

L'artillerie du corps déboucha rapidement, se mit en position près du point 105, et ouvrit le feu à 2,000 et 2,500 mètres, contre la ligne des hauteurs et les localités occupées par l'ennemi.

Pendant ce temps, le gros de la 1re division se déployait avec un ordre, un calme et une régularité remarquables derrière les lignes de l'avant-garde, qui, après avoir fait diriger par ses tirailleurs un feu des plus nourris contre la position ennemie, s'était encore avancée d'une centaine de pas.

L'avant-garde de la 2e division avait enlevé à ce moment Closterfeld, après un engagement de peu de durée. Le gros de la division avait débouché de Spandau et avait pris position à 2,000 pas de cette avant-garde.

Dans le but de s'assurer définitivement la possession de Closterfeld, on se mit immédiatement à creuser des tranchées peu profondes, afin de ne pas entraver les mouvements des autres armes.

L'avant-garde du détachement de gauche marchait alors sur Seeburg, et la division de cavalerie de la garde achevait de passer le pont de bateaux.

La 1re division de la garde, aussitôt après avoir débouché, commença à s'avancer contre les positions de Carolinenhöhe et des vignes de Spandau. Son aile gauche tenait la tête dans le mouvement et marchait formée par échelons, la 2e brigade formant l'aile gauche, la 1re l'aile droite.

La ligne de tirailleurs était très-épaisse à ce moment; l'aile gauche du détachement qui opérait à l'extrême gauche gravissait en même temps les hauteurs situées au nord de Gatow, tandis que le reste du détachement continuait à s'avancer, toujours en combattant, du côté de Seeburg.

Les tirailleurs de la 2e brigade de la garde commencèrent alors à se porter par bonds saccadés sur Carolinenhöhe; une batterie du détachement de gauche avait ouvert le feu dans la même direction et appuyait leur attaque. On escalada ainsi les hauteurs, et après avoir fait un mouvement de flanc vers la droite, la brigade se dirigea dans la direction du Hahnenberg.

Les échelons qui suivaient s'établirent en peu de temps dans les vignes de Spandau. Le feu dirigé contre cette position par les tirailleurs postés près de Carolinenhöhe appuyait ce mouvement. Pendant ce temps, l'artillerie du corps d'armée était restée dans la plaine, mais l'artillerie divisionnaire de la 1re division montait au galop les hauteurs et, se portant dans la direction du Hahnenberg, ouvrait le feu contre cette position.

C'est ce mouvement que l'empereur d'Autriche, accompagné par le feld-maréchal de Moltke, a suivi avec une attention toute particulière.

La 2e brigade se formait pendant ce temps autour de Carolinenhöhe et poussait en avant quelques détachements formés en colonne de compagnie et quelques sections de tirailleurs à 200 ou 300 pas devant la ligne occupée par l'artillerie. Le régiment de hussards de la garde chargeait au même moment l'ennemi, qui se retirait sur le Hahnenberg. La 1re brigade s'avançait simultanément contre Amalienhof,

qu'elle enlevait après un combat des plus vifs. L'artillerie
divisionnaire, suivant la crête des hauteurs, repartait au galop des environs de Carolinenhöhe jusqu'à la route qui mène
de Spandau à Seeburg et continuait, après s'être mise en position à cet endroit, à diriger un feu des plus nourris contre
le Hahnenberg.

Presque à la même heure, le détachement de gauche était
maître de Seeburg.

La deuxième division de la garde était restée jusqu'alors
sur la défensive. On avait admis en principe que l'ennemi
sortant de Staacken dirigeait une attaque des plus vives contre
Closterfeld. L'avant-garde de la deuxième division, abritée
par les tranchées qu'elle avait creusées, repoussa cette attaque. Pendant ce temps et afin d'être, en cas de besoin, à
même de soutenir son avant-garde, le gros de la division
s'était avancé presque à 800 pas de la ligne défendue par
cette avant-garde.

La prise d'Amalienhof permit alors à l'artillerie du corps
d'armée de se porter jusque sur la ligne d'Amalienhof-Neu-
Staacken, tandis que l'artillerie divisionnaire de la deuxième
division se déployait en même temps au nord de l'auberge
de Neu-Staacken. A la même heure, les batteries de détachement de l'extrême gauche et de la division de cavalerie de la
garde avaient pris position auprès de Seeburg et ouvraient le
feu contre les réserves de l'ennemi, réserves que l'on supposait passées derrière le Hahnenberg. La position du Hahnenberg se trouvait donc sous le feu d'une ligne redoutable
d'artillerie formée en demi-cercle qui rendait ce point inte-
nable.

L'artillerie du corps d'armée restait toujours dans la
plaine. Le manque de place l'empêchait de venir prendre
position sur la hauteur, auprès de Carolinenhöhe, à côté de
l'artillerie de la première division.

Placée comme elle l'était, l'artillerie du corps d'armée servait à relier entre elles les deux divisions, et l'on a pu, pendant la campagne de France, apprécier les services immenses que l'artillerie est appcée à rendre en comblant les vides qui existent dans les lignes de bataille. A Sedan, par exemple, l'artillerie qui reliait entre eux les 5e et 11e corps prussiens, a suffi pour faire échouer tous les efforts offensifs que nous avions tentés de ce côté.

C'est des points que je viens d'indiquer que l'artillerie du corps a dirigé contre les positions ennemies de Staacken-Hahnenberg-Ausbau un feu assez vif, pendant que la cavalerie de la garde venait se masser au sud de Seeburg, sans cependant laisser supposer à l'ennemi sa présence à cet endroit.

Le gros de la deuxième division de la garde, qui jusque-là avait servi de réserve générale, pouvait être employé sans inconvénient dès le moment où l'on s'était emparé des hauteurs, et il suivit dès lors l'avant-garde jusque dans Closterfeld, afin de coopérer à l'attaque du grand bois des Chênes (*Gr. Eichholz*), que l'on supposait fortement occupé par l'ennemi.

Au même moment, la première division et l'avant-garde de la deuxième dirigeaient une attaque combinée contre les positions de Staacken-Hahnenberg-Ausbau, attaque dont le Hahnenberg était l'objectif principal.

On se servit à ce moment des nouvelles formations et principalement de la double ligne de tirailleurs soutenue à distance par des réserves formées par sections. Un seul détachement employa la colonne double, et l'on put ainsi se rendre compte de la formation qui offrirait le plus d'avantage dans un engagement de cette nature.

Les tirailleurs s'avancèrent, comme toujours, par bonds saccadés. Il nous semble néanmoins que ce genre d'attaque doit être abandonné toutefois, quand on est arrivé à 250 ou 300 pas de l'ennemi.

Nous croyons, en effet, qu'en terrain découvert et ne présentant aucun abri, on perdra plus de monde en ordonnant aux hommes de se jeter à terre à 150 pas de l'ennemi qu'en les laissant continuer sans interruption leur attaque.

Le détachement de gauche avait, pendant qu'on se battait ainsi du côté de Hahnenberg, occupé le Champagner-Berg, qui est situé en arrière du Hahnenberg et sur lequel il s'était solidement établi.

Dès qu'on se fut rendu maître de la position Hahnenberg-Ausbau et des bois qui se trouvent à l'ouest d'Ausbau, la division de cavalerie se mit à rompre en colonnes par escadrons, la brigade de cuirassiers laissant Seeburg à droite, la brigade de dragons passant à gauche. La division entière se déploya ensuite sur deux lignes : la première composée de 4 régiments, la seconde de 2. La première ligne commença à charger à 2,500 pas, en se dirigeant le long de la chaussée de Seeburg à Dallgow, et arriva presque jusqu'à la route qui mène de Staacken à Dallgow.

Pendant ce temps on signalait l'apparition de la cavalerie ennemie du côté du Hasenheider-Berg.

Les batteries du détachement de gauche et de la division de cavalerie ouvrirent aussitôt le feu contre ces escadrons, tandis que la deuxième ligne, soutenue par le régiment de cavalerie adjoint à ce détachement de gauche, venait prendre position entre les étangs de Wald-Fenn et Egelphul. La poussière empêcha, du reste, de juger exactement la façon dont on chargea. Mais comme les régiments étaient formés en assez bon ordre au moment du commandement de « halte, » tout porte à croire que les charges ont été remarquablement exécutées.

Dès que la cavalerie se fut ralliée, l'artillerie du corps

d'armée vint se poster à l'aile droite, sur la route qui mène de Staacken à Dallgow, et dirigea de là un feu terrible sur les colonnes ennemies, qui battaient en retraite.

Les tirailleurs d'avant-garde des deux divisions vinrent prendre position sur la même ligne que l'artillerie du corps d'armée.

Le gros de la deuxième division s'était avancé pendant ce temps contre le bois des Chênes et y avait pénétré.

Le gros de la première division était concentré autour du Hahnenberg.

La manœuvre du 9 septembre était terminée.

L'idée stratégique de cette manœuvre, on le voit, était des plus simples, l'exécution tactique reposant tout entière sur la reproduction d'un de ces mouvements tournants que l'armée prussienne a constamment exécutés dans les dernières guerres.

Ces mouvements ont évidemment pour effet d'étendre énormément le front d'attaque; mais les armes nouvelles permettent, même avec un front aussi étendu, de résister souvent avec succès aux mouvements offensifs de l'ennemi. Du reste, la ligne de bataille, qui, au moment de la manœuvre, s'étendait de Closterfeld à Seeburg, s'est trouvée, lorsque le mouvement concentrique a été achevé, ne plus aller que du grand bois des Chênes au Champagner-Berg. La nature du terrain à l'ouest de Spandau justifie complétement l'application d'un mouvement de ce genre, et, comme toujours, c'est l'infanterie qui a décidé du succès de la journée.

Lorsque la manœuvre du 9 fut terminée, on accorda aux troupes un repos d'une heure et demie, puis on divisa les corps en deux parties de force égale destinées à opérer l'une contre l'autre. Les troupes faisant partie de ce que nous avons jusqu'ici appelé division de l'Ouest vinrent représenter un corps ennemi qu'on n'avait fait que supposer jusqu'alors, et se retirèrent, couvertes par leur arrière-garde, dans la direction de Wustermark. L'autre division, celle de l'Est, vint occuper les positions que son chef lui indiqua.

La garde prussienne, mais surtout la première division, qui, après avoir manœuvré toute la journée, dut encore faire près de 15 kilomètres, s'était encore fait remarquer pendant la manœuvre du 9, par la rapidité de sa marche. Ce n'est que vers cinq heures que toutes les troupes arrivèrent au bivac, et le lendemain cependant on ne laissa à l'ambulance de Wustermark qu'un seul malade.

La farine de pois que l'on distribua aux troupes a été assez appréciée par les hommes, qui ont pu faire la soupe en moins d'une demi-heure.

L'idée générale pour la manœuvre du 10 était la suivante:

Étant donnée la situation respective des deux corps, le 9 au soir, arriver à un résultat.

Plan d'opérations de la division de l'Ouest.

La division de l'Ouest, attaquée le 9 septembre par des forces supérieures en nombre, a été obligée de quitter sa position de Hahnenberg et a du battre en retraite, serrée de près par l'ennemi, jusque derrière le Schöppen-Graben.

De faibles détachements, quelques avant-postes seuls, se maintiennent encore à l'ouest du Schöppen-Graben, car l'ennemi n'a guère dépassé la ligne de Ferbitzer-Bruch à Rhins-Lake.

Le général commandant la division reçoit l'ordre de défendre les passages du Schöppen-Graben le 10 septembre jusque vers midi, puis, lorsque tout le matériel de siége aura été embarqué à Nauen et aura été expédié par voie ferrée, de se retirer sur Brandenburg, en ne laissant devant l'ennemi que des postes d'observations.

2

Plan d'opérations pour la division de l'Est.

Le corps de la garde, après avoir, dans la matinée du 9, battu l'ennemi, qui assiégeait Spandau, sur les hauteurs qui s'étendent au sud-ouest de la ville, est supposé avoir détaché dans la direction de Potsdam la 1re division d'infanterie de la garde, renforcée par la 2e brigade de cavalerie et une partie de l'artillerie du corps d'armée, tandis que la 2e division d'infanterie, jointe à la division de cavalerie et à la plus grande partie de l'artillerie du corps, a suivi l'ennemi dans son mouvement de retraite sur Nauen.

Le 9 au soir, les avant-postes sont près de Ferbitzer-Bruch et de Rhins-Lake; le gros des forces est massé à l'ouest du Schweine-Kuten-Graben. L'ennemi n'a plus que quelques faibles postes de ce côté du Schöppen-Graben.

Le général commandant la division de l'Est reçoit l'ordre d'attaquer de nouveau l'ennemi (division de l'Ouest) le 10, de l'empêcher de se diriger sur Brandenburg, de le pousser sur Nauen, pour le jeter dans la Havel.

N. B. Les extrêmes avant-postes ne devront pas s'avancer en avant des lignes avant neuf heures du matin.

Disposition de la division de l'Ouest pour la manœuvre du 10 septembre 1872.

Quartier général d'Hoppenrade, 9 septembre 1872.

La division a passé dans la journée du 9 les défilés du Schöppen-Graben, d'un côté à Dyrotz, de l'autre à Buchow et à Carpzow. L'infanterie bivaque dans le triangle formé par Wernitz, Wustermark et Hoppenrade; la cavalerie et l'artillerie autour d'Hoppenrade.

Les troupes d'avant-garde sont postées comme suit :

Deux bataillons d'infanterie, une compagnie de chasseurs, un escadron et une batterie à l'ouest de Dyrotz, dans les environs du moulin.

Un bataillon d'infanterie, une compagnie de chasseurs, un escadron et une batterie, entre Buchow et Carpzow.

Une compagnie de chasseurs, deux pelotons de hussards à Custow et à Bredow.

Une compagnie de chasseurs et un peloton de hussards à Falkenrehde.

Le reste du régiment de hussards bivaque à l'ouest de Dyrotz.

Le détachement de pionniers est à Dyrotz même. Les passages du Schöppen-Graben, auprès de Falkenrehde, sur la route qui mène de Buchow et de Carpzow à Doeberitz, sont détruits de façon à n'être praticables que pour des patrouilles, et l'on a dû tout préparer pour les détruire complétement.

Ainsi postée, la division devra défendre les passages du Schöppen-Graben jusqu'à midi, puis se retirer sur Brandenburg, en passant par Niesede et Tremmen.

L'avant-garde devra, aussitôt que possible, informer le quartier général des mouvements que dessinera l'ennemi.

Répartition des troupes.

Commandant en chef : général lieutenant von Pape.

Officier faisant les fonctions de chef d'état-major général : capitaine von Nickisch Rosenegk.

Aide de camp : premier lieutenant Brunsig von Brun.

AVANT-GARDE. — Commandant en chef : colonel von Papstein.

Régiment de fusiliers de la garde : major von Feldmann.

Bataillon de chasseurs de la garde : major von Arnim.

5e batterie légère et 5e batterie lourde du régiment d'artillerie montée de la garde : capitaine von Gizycki.

Un détachement de pionniers.

GROS DE LA DIVISION. — *1re brigade d'infanterie de la garde :* général-major comte von Kanitz.

3e régiment d'infanterie de la garde : colonel von Thile.

1er régiment d'infanterie de la garde : colonel von Boehn.

2e brigade d'infanterie de la garde : général-major von Krosigk.

4e régiment d'infanterie de la garde : colonel von Grolman.

2e régiment d'infanterie de la garde : colonel von Oppell.

Une section du régiment d'artillerie montée de la garde : major von Heineccius.

2e brigade de cavalerie de la garde : général-major prince Hohenlohe-Ingelfingen.

1er régiment de uhlans de la garde : colonel baron von Eller-Eberstein.

3e régiment de uhlans de la garde : colonel von Schenck.

Une batterie à cheval du régiment d'artillerie de la garde.

Signé : VON PAPE,
Général lieutenant, commandant la 1re division d'infanterie de la garde.

Disposition de la division de l'Est pour la manœuvre du 10 septembre 1872.

Quartier général de Doeberitz,
9 septembre 1872, six heures soir.

L'ennemi, battu aujourd'hui 9, s'est retiré de l'autre côté du Schöppen-Graben, dans la direction de Nauen. On ne rencontre plus à l'ouest du Schöppen-Graben que quelques faibles avant-postes ennemis.

La division de l'Ouest attaquera de nouveau l'ennemi demain, 10 septembre, et devra, en cherchant à le couper de Brandenburg, le rejeter sur Nauen et sur les marais du Havel.

En conséquence :

1º La colonne nº 1 dépassera à 8 heures 1/2 la ligne des avant-postes, et viendra occuper le défilé de Dyrotz-Wustermark, afin d'empêcher un retour offensif de l'ennemi.

2º La colonne nº 2 commencera à dépasser à la même heure la ligne des avant-postes, marchera sur Priort et Carpzow, et se rendra maîtresse du défilé de Buchow-Carpzow.

3º Colonne nº 5. L'infanterie sera concentrée à 8 h. 1/2 au nord de Ferbitz ; les deux brigades de cavalerie, l'artillerie, le détachement de pionniers, l'équipage des ponts et le matériel d'ambulance, seront formés à la même heure au pont de Schaafdamm.

La colonne passera par Satzkorn (l'infanterie prendra par Kartzow, où il faudra jeter un pont) et Klein-Paaren, pour arriver à Falkenrehde.

Cette colonne doit ouvrir le défilé de Buchow-Carpzow à la colonne nº 2, et empêcher l'ennemi de se retirer sur Brandenburg.

4º Je me tiendrai de ma personne avec la colonne nº 2.

Disposition des troupes.

Colonne Nº 1. — Général-major von Knappe.

1er régiment de grenadiers de la garde (régiment Empereur Alexandre) : colonel von Zeuner.

Bataillon de Schützen de la garde : major von Böltzig.

3e escadron du 2e régiment de uhlans de la garde : colonel von Rochow.

6e batterie lourde.

Détachement de pionniers et deux voitures d'outils.

Colonne n° 2. — Général-major von Dannenberg.

2e régiment de grenadiers de la garde : colonel von Wangenheim (régiment Empereur François).

4e régiment de grenadiers de la garde : colonel von Lucadou (régiment de la Reine).

3e régiment de grenadiers de la garde (régiment Reine Elisabeth) : colonel baron von Hüllessem.

2e escadron du 2e régiment de uhlans de la garde.

2e section du régiment d'artillerie montée de la garde et 6e batterie légère : major von Krieger.

Un détachement de pionniers avec un demi-équipage de ponts.

Deux voitures d'ambulances.

Colonne n° 3. — Général lieutenant von Brandenburg.

Régiment mixte d'infanterie : colonel von L'Estocq.

1re *brigade de cavalerie de la garde* : colonel von Krosigk.

Régiment des gardes du corps : colonel comte de Lynar.

Régiment des cuirassiers de la garde : major von Kleist.

3e régiment de uhlans : major von Möllendorff.

3e *brigade de cavalerie de la garde* : colonel von Brandenstein.

1er régiment de dragons de la garde : lieutenant-colonel von Brozowski.

2e régiment de dragons de la garde : major von Lützow.

Section à cheval du régiment d'artillerie de la garde, deux atteries : major von Graevenitz.

Batterie d'instruction.

Un détachement de pionniers avec un demi-équipage de ponts.

Voitures d'ambulances.

Signé : VON BUDRITZKY,
*Général lieutenant, commandant la 2ᵉ division
d'infanterie de la garde.*

———

Bien que les cartes donnent une idée des plus exactes du terrain sur lequel les opérations ont eu lieu, il est néanmoins utile d'en dire quelques mots.

Le pays est, en effet, d'un genre tout particulier.

On trouve presque partout un sol marécageux, sillonné de tous côtés par des ruisseaux. Ces terrains sont complétement impraticables pour la cavalerie et pour l'artillerie, et l'infanterie elle-même ne peut s'y engager qu'en peu d'endroits. Les marais sont, de plus, généralement compris entre des hauteurs, de telle sorte que chacun des petits ruisseaux coule dans une espèce de vallée.

Un corps de troupes ne peut donc, si l'on en excepte quelques points peu nombreux accessibles à l'infanterie seulement, franchir ces marais que sur les ponts et les digues établis en général près des villages.

On trouve, par suite, dans cette région, une foule d'espèces de défilés d'autant plus faciles à défendre que chacun d'eux est commandé par les hauteurs qui s'élèvent de chaque côté. Ainsi, par exemple, le Schöppen-Graben et le Wüblitz-Graben forment une longue ligne de marais, que coupent en certains points quelques lacs ou étangs, et les hauteurs boisées qui la bordent dans toute sa longueur en font, par suite, une position excellente et facile à défendre.

Toute cette contrée est peut-être même plus facile à défendre que certaines régions montagneuses.

Les avant-postes et le gros des deux divisions avaient bivaqué sur les points mêmes que nous venons d'indiquer.

La division de l'Ouest, en commençant par l'aile gauche, avait disposé ses avant-postes en avant du Schöppen-Graben, à cheval sur la ligne du chemin de fer. Une compagnie de chasseurs occupait Custow ; une autre compagnie de chasseurs, soutenue par deux bataillons de fusiliers de la garde postés un peu en arrière, le Windmühlenberg, près de Dyrotz.

Le passage des marais près de Priort était gardé par une compagnie de chasseurs. Des patrouilles de hussards battaient le terrain en avant. Le 1er bataillon du régiment de fusiliers de la garde était en réserve à Carpzow. Falkenrehde était inoccupé, mais une compagnie de chasseurs était postée au pont situé à l'ouest de Klein-Paaren, et un peloton de hussards avait été envoyé jusqu'à Satzkorn.

La division de l'Est se conforma, du reste, en tout point, dans sa marche, aux ordres qu'elle avait reçus. La division de l'Ouest avait été informée dès le matin, par les patrouilles de hussards qu'elle avait envoyées bien en avant, que l'on avait remarqué qu'un état-major ennemi était venu faire une reconnaissance et avait été signalé sur le haut de l'Eichberg, situé à l'ouest de Priort.

A neuf heures et demie, le général commandant la division était informé qu'on voyait de grands nuages de poussière s'élever dans les environs de Satzkorn. Il faut remarquer à ce propos que des bois et une ligne de hauteurs permettaient à la division de l'Est de dissimuler son mouvement, et que ce n'est que la poussière résultant de la sécheresse et de la chaleur qui put donner quelques indices de sa marche. Dès qu'il eut reçu ces nouvelles, le général von Pape donna l'ordre au gros de ses troupes de se replier dans la direction de Buchow et de prendre position près du Mühlenberg. Il prescrivit en même temps à la brigade de uhlans, à deux bataillons du 3ᵉ régiment de la garde et à une batterie à cheval d'aller occuper Falkenrehde. Le 2ᵉ régiment d'infanterie de la garde restait seul encore dans sa position de Wustermark.

A neuf heures et demie, l'avant-garde de la colonne n° 2 de la division de l'Est s'approcha des avant-postes placés à la *Grosse Fuhrt*, c'est-à-dire au point où l'on peut franchir les marais de Priort, fit reculer les patrouilles de hussards, mais fut accueillie par un feu assez vif dirigé contre elle par la compagnie de chasseurs qui défendait ce point et par la batterie placée sur les hauteurs qui se trouvent au nord-ouest de Carpzow. Deux batteries qui vinrent prendre peu après position sur l'Eichberg ouvrirent alors le feu contre les chasseurs et contre l'artillerie d'avant-garde.

La colonne n° 1 s'approchait en même temps de Dyrotz, et sa cavalerie débouchait des boqueteaux situés à l'ouest du village ; mais elle fut immédiatement canonnée violemment par la cinquième batterie lourde, en position sur le Windmühlenberg, et dut chercher un abri derrière un mouvement de terrain.

Pendant ce temps l'infanterie de l'avant-garde de la colonne n° 2 enlevait le passage de Priort, rejetait la compagnie de chasseurs qui le défendait, et lançant en avant des tirailleurs suivis par des soutiens formés en colonne de compagnie, commençait aussitôt à attaquer les bois qui couvrent les hauteurs à l'ouest de Carpzow et qu'occupait le 1ᵉʳ bataillon du régiment de fusiliers de la garde.

Pendant que se livrait ce vif combat d'infanterie, dans lequel on put se rendre compte de l'utilité des nouvelles formations, la batterie d'avant-garde de la division de l'Ouest se voyait obligée de changer de position. L'infanterie de l'assaillant exécuta alors un mouvement tournant contre la pente méridionale de ces hauteurs, et le 1ᵉʳ bataillon de fusiliers fut dès lors obligé d'évacuer le bois et les hauteurs, et se replia sur Buchow en passant par Carpzow. On dut, au reste, évacuer peu après Carpzow, qui est entièrement dominé par les hauteurs situées à l'ouest et par les bois, qui arrivent presque jusqu'au village. On ne pouvait, en outre, avoir l'intention de défendre plus longtemps une position qui ne servait plus à rien.

Les troupes de la division de l'Ouest se retirèrent de l'autre côté du marais et occupèrent le village de Buchow. Le gros de la colonne n° 2, passa à l'ouest de Carpzow, se dirigeant contre Buchow, que son artillerie commença à canonner après que l'on eut fortement occupé Carpzow.

Le gros de la division de l'Ouest s'était établi pendant ce temps dans Buchow et sur le Mühlenberg et le Fichtenberg. Son artillerie s'était mise en batterie sur les crêtes des hauteurs qui vont du Mühlenberg à Buchow. C'est alors que s'engagea un violent combat d'artillerie.

La colonne n° 2 ne put réussir à jeter des ponts sur le Schöppen-Graben. La batterie d'avant-garde, qui, après avoir quitté la position qu'elle avait occupée dans le principe en avant du défilé de Buchow-Carpzow, s'était établie sur le Fichtenberg, changea encore de position et vint, lorsque l'ennemi eut occupé Carpzow, se mettre en batterie au pied de ces hauteurs, d'où, à une aussi petite distance, son tir direct devait faire plus de mal à l'ennemi que le feu plongeant qu'elle aurait été obligée de diriger sur lui si elle était restée au haut du Fichtenberg.

Pendant que le combat était indécis au centre, la colonne n° 3 de la division de l'Est s'était approchée de Klein-Paaren.

La cavalerie (brigade de dragons de la garde) qui, comme nous l'avons dit, avait marché sur Satzkorn, en avait chassé le peloton de hussards et s'approcha du passage du Wublitzer-Moor, situé à l'ouest de Klein-Paaren.

Les chasseurs, se sentant peut-être un peu isolés en présence d'une cavalerie aussi considérable, abandonnèrent le passage après avoir tiré quelques coups de fusil, et se retirèrent sur Falkenrehde. L'arbitre décida qu'il faudrait une demi-heure à la cavalerie pour remettre le pont en état.

Pendant ce temps, les troupes envoyées par le commandant de la division de l'Ouest arrivaient à Falkenrehde, et le général major, prince de Hohenlohe-Ingelfingen, prenait le commandement de tout ce qui se trouvait de ce côté.

Les chasseurs furent reportés en avant jusqu'au pont, et en chassèrent les dragons chargés de couvrir les pionniers qui le réparaient.

La lisière méridionale de Falkenrehde et le village même furent occupés par les deux bataillons du 3ᵉ régiment de la garde, pendant que la batterie à cheval, se plaçant à l'ouest de Falkenrehde, ouvrait le feu sur Klein-Paaren.

L'infanterie de la colonne n° 3 de la division de l'Est avait en même temps rencontré un obstacle imprévu. Le sol marécageux des prairies ne lui permit pas, en effet, de jeter un pont à Kartzow, et c'est ce retard même qui l'empêcha probablement d'entrer en ligne assez à temps pour s'emparer de Falkenrehde avant l'arrivée des renforts envoyés par le général von Pape.

L'avant-garde de cette colonne attaqua donc le pont avec impétuosité, et à 10 heures 45 minutes, après avoir été mitraillée par la batterie d'instruction, la compagnie de chasseurs dut abandonner le passage et prendre position derrière un mouvement de terrain, à 500 pas à l'ouest du pont.

Deux compagnies passèrent alors le pont, débusquèrent les chasseurs et les rejetèrent sur Falkenrehde. La brigade de uhlans, qui se tenait au sud de la route de Falkenrehde à Ketzin chargea alors cette infanterie, qu'elle attaqua de trois côtés. La charge fut considérée comme réussie, et les deux compagnies durent reculer jusqu'au pont et le repasser.

C'est à ce moment qu'arriva le gros de l'infanterie de la colonne n° 3. Un bataillon déboucha aussitôt, gagna du terrain et fut suivi par la brigade de dragons.

Mais l'arbitre déclara qu'une nouvelle charge de la brigade de uhlans avait fait échouer cette tentative, et les troupes de la division de l'Est durent encore une fois repasser le pont.

La batterie d'instruction fut alors soutenue, quoique un peu tard, par deux batteries à cheval qui prirent position à côté d'elle sur les hauteurs, au nord de Paaren, et dès lors l'artillerie put agir efficacement contre Falkenrehde.

Une nouvelle attaque que deux bataillons tentèrent contre Falkenrehde échoua néanmoins et dut plier devant le feu terrible qui partait de la lisière du village, et la brigade de dragons, qui avait suivi ce mouvement offensif, fut de nouveau tenue en échec par la brigade de uhlans.

Le feu des trois batteries commença alors à produire tout son effet, et l'arbitre donna l'ordre d'évacuer le village, qui n'aurait pas pu résister à une troisième attaque.

L'infanterie se retira du côté de Buchow. L'artillerie à cheval put sans danger se mettre en batterie au point 171, et la brigade de uhlans, couverte par les crêtes des hauteurs, prit position à droite de la batterie,

Il était midi quand la division de l'Est occupa Falkenrehde.

La colonne n° 3 déboucha alors entièrement du défilé de Klein-Paaren, occupa Falkenrehde, et poussa son infanterie jusqu'à la route de Buchow.

La cavalerie de la division de l'Est passa à l'ouest de Falkenrehde et se déploya sur deux lignes, en face de la brigade de uhlans. Une batterie dépassa Falkenrehde et vint se placer à droite de la cavalerie.

Au centre, auprès de Buchow-Carpzow, la face des choses avait aussi changé pendant ce temps.

Après un long combat d'artillerie, quelques sections d'infanterie de la division de l'Est avaient réussi à passer le Schöppen-Graben, au nord de Buchow, et à se jeter, sans avoir été aperçues par les troupes ennemies, dans les bois du Mühlenberg, d'où elles commencèrent à diriger sur l'artillerie de la division de l'Ouest un feu de mousqueterie des plus meurtriers.

Cette circonstance, jointe aux ordres qu'il avait reçus de ne tenir dans ses positions que jusqu'à midi, décida le général von Pape à donner, avant même qu'il eût été informé de la prise de Falkenrehde, l'ordre de battre en retraite sur Brandenburg.

Cette mesure devenait d'autant plus urgente après la prise de Falkenrehde, qu'en restant plus longtemps dans les positions qu'il occupait, le centre [de la division de l'Ouest s'exposait à être pris en flanc et à revers par l'ennemi et, par suite, à être coupé de la route de Buchow à Etzin et mis, par conséquent, dans l'impossibilité d'effectuer un mouvement de retraite sur Brandenburg.

Il faut voir maintenant ce qui se passait à l'aile gauche de la division de l'Ouest.

Dès que la cavalerie de la colonne n° 1 eut débouché du boqueteau à l'ouest de Dyrotz, l'infanterie put, elle aussi, se déployer en jetant en avant un essaim de tirailleurs, sous la protection desquels la 6e batterie lourde put venir s'établir sur la lisière du bois. Mais la section de fusiliers qui occupait la maison du garde dirigea sur elle un feu si meurtrier qu'on fut obligé de retirer les pièces et d'aller se mettre en batterie plus en arrière.

L'infanterie de la division de l'Est ne tarda pas cependant

à se porter en avant et à déloger la petite garnison de la maison du garde.

Bien qu'on déployât une ligne formidable de tirailleurs, on ne parvint pas à faire perdre du terrain à l'infanterie de la division de l'Ouest, dont les soldats étaient couchés à terre derrière le Schützen-Graben, jusqu'à ce qu'à dix heures et demie, le général von Pape eut informé le commandant de son aile gauche qu'il venait de donner l'ordre au 2e régiment de la garde, qui occupait Wustermark, de rallier le centre de la division.

A la suite de cette nouvelle qui contraignait l'avant-garde à occuper Wustermark, on dut abandonner Dyrotz et le Wind-mühlenberg et reculer jusque derrière le défilé devant lequel s'étend le marais de Wustermark, que l'on défendit avec opiniâtreté, ainsi que la ligne du Schöppen-Graben, après avoir préalablement fait rentrer la compagnie de chasseurs qu'on avait postée à Custow.

A midi, on reçut l'ordre d'abandonner les positions et de se retirer sur Brandenburg, en passant par Tremmen.

Le centre, ou pour mieux dire, le gros de la division de l'Ouest avait commencé sa retraite en marchant parallèlement à la route qui mène de Buchow à Etzin.

La colonne n° 2 de la division de l'Est poursuivit l'ennemi et s'empara de Buchow et du Mühlenberg.

Pendant ce temps la cavalerie avait continué à combattre autour de Falkenrehde.

La brigade de dragons de la garde et la brigade de cuirassiers de la garde, qui s'étaient déployées au pied des collines arides et nues qui environnent Falkenrehde, eurent beaucoup à souffrir du feu des batteries ennemies qui avaient pris position sur les crêtes.

Une charge faite par les uhlans fut repoussée par les dragons et soutenue par la batterie qui vint s'établir peu après

sur la droite ; la cavalerie de la division de l'Est put se
porter en avant et faire rétrograder ce qui se trouvait devant
elle, jusqu'à la route de Buchow à Etzin. Le 3e régiment de
uhlans du Brandenburg, de la division de l'Est, put même
obliquer un peu à gauche et dessiner un mouvement dans
la direction de l'Elmenberg. La cavalerie de la division de
l'Est fut du reste contrainte de s'arrêter là, car elle se heurta
sur ce point contre le gros de l'infanterie ennemie, qui se retirait en bon ordre.

Accueillie par un feu de mousqueterie que dirigeait contre
elle l'infanterie, formée partie en carrés, partie en ligne,
par le tir bien dirigé de l'artillerie, chargée à propos par la
cavalerie ennemie, la cavalerie de la division de l'Est se
trouva hors d'état d'inquiéter le mouvement rétrograde du
centre de la division de l'Ouest, et de la couper de sa ligne
de retraite ; elle se vit même contrainte à se replier vers
les hauteurs. On peut remarquer qu'à ce moment quelques
corps ne s'étaient pas placés à une distance assez grande de
l'infanterie ennemie, et étaient restés exposés à son feu.

Si l'on considère que le centre et l'aile droite de la division
de l'Ouest se retiraient tranquillement et en bon ordre,
l'échec subi par la cavalerie de la division de l'Est sera tout
naturellement expliqué par ce seul fait. Nous pensons néanmoins qu'il est bon de rappeler à ce propos qu'une troupe
d'infanterie qui bat en retraite n'est pas toujours en état
d'opposer une résistance aussi vigoureuse, quand, par exemple, démoralisée par sa défaite, elle se retire en moins bon
ordre, ou bien encore quand elle a brûlé toutes ses cartou-
ches.

Pendant ce temps, l'infanterie de la division de l'Est, qui
avait dépassé Buchow, poursuivait le centre de la division
de l'Ouest et arrivait presque à hauteur de Schaaffstall et du
pied du Stellenberg.

La division de l'Ouest avait pendant ce temps réussi à occuper le belvédère situé près de la route qui mène à Etzin, à y installer solidement un bataillon et une batterie, et avait trouvé ainsi un point sur lequel elle pouvait appuyer sa retraite.

La colonne n° 1 de la division de l'Est, que les marécages avaient empêchée de lancer immédiatement sa cavalerie sur l'avant-garde de la division de l'Ouest, lorsqu'elle commença à se replier, était arrivée à hauteur de la route de Hoppenrade à Wernitz, lorsque l'on sonna la *halte*.

Si l'on jette, à ce moment, un coup d'œil sur la situation de la division de l'Ouest, on voit de suite qu'elle n'a pu battre en retraite qu'avec peine et serrée de près par l'ennemi, mais qu'après avoir repoussé les charges faites par la cavalerie ennemie, charges qu'on n'aurait pas pu recommencer de sitôt, elle est sûre d'atteindre Etzin, point à partir duquel des marécages immenses empêchent la cavalerie de continuer utilement la poursuite. A partir d'Etzin, la division de l'Ouest peut donc sans peine atteindre Brandenburg.

Si, au contraire, après avoir occupé Falkenrehde, l'infanterie de la colonne n° 3 s'était portée du côté de l'Elmenberg, la situation de la division de l'Ouest aurait été des plus critiques.

Les mouvements opérés par les corps de cavalerie autour de Falkenrehde ont été effectués dans l'ordre le plus parfait; les cavaliers cependant n'ont pas toujours assez tenu compte de la portée du feu des batteries et du tir de l'infanterie.

Si l'on veut examiner les mouvements de plus près, au point de vue tactique, on peut remarquer que les lignes de tirailleurs ont toujours été trop épaisses au centre des attaques, et qu'on n'a pas assez veillé à les allonger et à

les étendre sur les ailes de l'ennemi. On n'a peut-être pas
non plus toujours mis à profit tous les abris offerts par le
terrain, ce que la profondeur des lignes de tirailleurs con-
tribuait, du reste, à rendre presque impossible sur certains points. Il est évidemment *indispensable* de déployer
aujourd'hui de grandes lignes de tirailleurs, mais on ne di-
minue en rien la force de la ligne de feux en les espaçant
davantage; le terrain seul peut indiquer s'il y a lieu ou non
de rapprocher plus ou moins les tirailleurs les uns des autres. Tout cela dépend encore de la place occupée dans la
ligne de bataille par la troupe qui les fournit.

Il faut remarquer aussi que la garde a commencé cette
année ses exercices annuels par les grandes manœuvres, et
que les jeunes officiers et les soldats du dernier contingent
n'avaient pas pu acquérir la routine nécessaire pour la
bonne et parfaite exécution des mouvements, dans des exercices préliminaires et préparatoires.

Pour ce qui est des formations nouvelles, qu'il sera bon
d'examiner d'ailleurs plus à fond, il est utile de faire remarquer qu'on aurait tort d'abuser de leur emploi. Elles ont
évidemment leurs partisans et leurs détracteurs; mais il faut
se souvenir avant tout qu'elles ne doivent être appliquées
qu'en *terrain découvert*. On doit évidemment y habituer les
troupes; mais il faut se garder de vouloir les employer d'une
façon exclusive.

Quelle que soit d'ailleurs la formation adoptée, c'est toujours en sachant bien profiter de tous les abris naturels offerts par le terrain qu'on perdra le moins de monde et qu'on
parviendra à atténuer le plus possible les effets meurtriers
de la mousqueterie et les ravages terribles de l'artillerie.

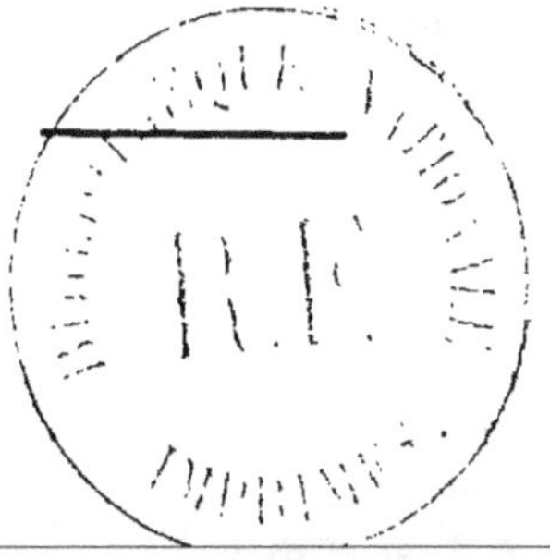

LISTE DES PUBLICATIONS

DE LA

RÉUNION DES OFFICIERS

MÉLANGES MILITAIRES

20. Des bibliothèques militaires, de l'établissement d'un catalogue et de la tenue des principaux registres. Paris, Tanera. . . . . 25 c.

21, 22, 23, 24. L'Artillerie au siége de Strasbourg en 1870. Notes recueillies par un officier de l'artillerie suisse. Traduit de l'allemand par P. Larzillière. Paris, Tanera. . 1 fr.

25, 26. L'Artillerie de campagne des grandes puissances européennes et les Canons rayés. Traduit de l'allemand par M. Meert, capitaine d'artillerie. Paris, Tanera. . 50 c.

27. Des canons et fusils a vapeur, par J. L., capitaine d'artillerie. Paris, Tanera. . . . . 25 c.

28, 29. La Cavalerie de réserve sur le champ de bataille, d'après l'italien, par Foucrière, sous-lieut. au 81e rég. de ligne. Paris, Tanera. . . . . 50 c.

30. De la répartition de l'armée sur le territoire. Paris Tanera. . . . . 25 c.

31, 32. Le Télémètre Nolan, appareil destiné à mesurer les distances, avec planche. Paris, Tanera. . . . . 50 c.

33. La Bataille de Spicheren envisagée au point de vue stratégique. Traduit de l'allemand par Weil. Paris, Tanera. 25 c.

34. De l'équitation dans les régiments de cavalerie en Prusse, par H. de La F. Paris, Tanera . . . . 25 c.

35. L'Armée prussienne en Alsace pendant l'hiver dernier, notes recueillies par C. Sandherr, lieutenant de chasseurs à pied. Paris, Tanera. . . . . 25 c.

36, 37. De la justesse du tir des bouches a feu et des armes portatives, par M. J. Lefèvre, capitaine d'artillerie. Paris, Tanera. . . . . 50 c.

38. Des métaux employés dans la fabrication des canons anglais, par J. L., capitaine d'artillerie. Paris, Tanera. 25 c.

39, 40. Instruction théorique et pratique de l'infanterie, par E. Uffler, cap. au 93e rég. de ligne. Paris, Tanera. 50 c.

41, 42. L'Exploitation des chemins de fer français par les armées allemandes, d'après les documents officiels allemands, par M. Martner, capitaine d'état-major, avec carte. Paris, Tanera. 50 c.

43, 44. Idées sur l'attaque des places fortes. Conférence

faite à Berlin par le général-major prince de Hohenlohe-Ingelfingen, d'après l'allemand, par A. Klipffel, capitaine du génie. Paris, Tanera. . . . . 50 c.

45, 46. DE L'INSTRUCTION PRATIQUE DE LA COMPAGNIE D'INFANTERIE. Paris, Tanera . . . . 50 c.

47, 48, 49, 50. CONSIDÉRATIONS SUR LA GUERRE DES PLACES FORTES, 1870-1871. Traduit de l'allemand par Couturier, lieutenant au 55ᵉ régiment. Paris, Tanera . . . . 1 fr.

51, 52. ÉTUDE SUR LES PEINES DISCIPLINAIRES EN CAMPAGNE, par G. D., officier d'état-major. Paris, Tanera. . . . 50 c.

53, 54. HISTORIQUE DES REMONTES DEPUIS LES ROMAINS, suivi d'un projet d'organisation d'une landwehr hippique, par L. L., sous-intendant militaire. Paris, Tanera. . . . 50 c.

55. LE TÉLÉMÈTRE DE CAMPAGNE DU COLONEL RUSSE STUBENDORF, avec planche. Paris, Tanera . . . . 25 c.

56, 57, 58. ÉTUDES SUR LE SERVICE DES ÉTAPES, d'après les renseignements personnels recueillis pendant la guerre de 1870-71 par un officier de l'inspection générale bavaroise des étapes. Traduit de l'allemand par Couturier, lieutenant au 55ᵉ régiment. Paris, Tanera. . . . . 75 c.

59, 60. APERÇU DE GÉOGRAPHIE MILITAIRE SUR LE LITTORAL DE LA CONFÉDÉRATION DE L'ALLEMAGNE DU NORD, et étude des mesures de défense prises par les Allemands pendant la guerre de 1870-71 contre un débarquement de troupes françaises, par Dubois, capit. du génie. Paris, Tanera. 50 c.

61, 62. ÉTUDE ET ENSEIGNEMENT DE LA STATISTIQUE MILITAIRE, par Chanoine, chef d'escadron d'état-major. Paris, Tanera . . . . 50 c.

63. COMPARAISON ENTRE LE CANON DE CAMPAGNE ET LA MITRAILLEUSE, par E. Klutschack. Traduit de l'allemand par de La Roque, capitaine d'artillerie. Paris, Tanera . . 25 c.

64, 65, 66. MÉMOIRE SUR LES FUSILS SE CHARGEANT PAR LA CULASSE employés dans les armées de Prusse, de France et d'Angleterre, par le capitaine Mervin Drake, instructeur de tir. Traduit de l'anglais par M. de Pina, capitaine de frégate. Paris, Tanera . . . . 75 c.

67, 68, 69. MÉMOIRE SUR LA NÉCESSITÉ DE CRÉER DES ÉCOLES DE SOUS-OFFICIERS, par M. de Lalobbe, colonel d'état-major. Paris, Tanera. . . . . 75 c.

70. DE L'ARMEMENT DE L'ARTILLERIE DE CAMPAGNE. Traduit de l'allemand par d'Astier de La Vigerie, capitaine d'artillerie. Paris, Tanera. . . . . 25 c.

71, 72, 73. LES MANŒUVRES DE LA GARDE PRUSSIENNE EN 1872, par M. Weil. Paris, Tanera . . . . 75 c.

74. SIMPLIFICATIONS ET MODIFICATIONS AU TITRE VI DU RÈGLEMENT SUR LES MANŒUVRES DE L'INFANTERIE, par M. d'Ussel, capitaine au 27e bataillon de chasseurs. Paris, Tanera.   25 c.

75, 76. NOTES SUR L'EMPLOI DU TEMPS DES TROUPES PRUSSIENNES, suivi de quelques considérations générales sur l'armée française, par M. Dally, capitaine au 102e de ligne. Paris, Tanera . . . . 50 c.

ENCYCLOPÉDIE MILITAIRE

1. LES CANONS GÉANTS DU MOYEN AGE ET DES TEMPS MODERNES, par R. Wille, lieutenant de l'artillerie prussienne. Traduit de l'allemand par MM. R. Colard et S. Bouché, lieutenants d'artillerie. 1 volume in-8°. Paris, Tanera. . 3 fr.

2. LES MITRAILLEUSES ET LEUR EMPLOI PENDANT LA GUERRE DE 1870-1871, par Hermann, comte Thürheim, capitaine bavarois. Traduit de l'allemand par E. J. Brochure in-8°. Paris, Tanera. . . . . 1 fr. 25

Sous presse :

ÉTUDE SUR LE RÉSEAU DE CHEMINS DE FER FRANÇAIS considéré comme moyen stratégique, par L. de Tromenec, capitaine d'artillerie. 1 vol. in-8° avec carte. Paris, Tanera.

MÉMOIRE sur la permanence de l'armement de défense et sur l'emploi des cuirasses métalliques dans les fortifications d'Anvers, Plymouth et Portsmouth, par le baron Berge, lieutenant-colonel d'artillerie. 1 vol. in-8° avec planches. Paris, Tanera.

GUIDE pour la préparation des plans de marche et des transports de troupes par les chemins de fer, par A. Le Pippre, chef d'escadron d'état-major. 1 vol. in-8° avec planches et carte. Paris, Tanera.

ENTRETIENS MILITAIRES

L'Armée prussienne, par M. Lahaussois, sous-intendant militaire. Paris, Dumaine. . . . . 60 c.

Hygiène militaire, par le docteur Jules Arnould, médecin-major de 1re classe, Paris, Dumaine. . . . . 60 c.

Des tirailleurs, de leur instruction, de leur emploi, par M. Herbinger, cap. adjudant-major au 1er prov. Paris, Dumaine . . . . 60 c.

Principes rationnels de la marche des impedimenta dans les grandes armées, par M. Anatole Baratier, sous-intendant militaire. Paris, Dumaine. . . . . 1 fr.

De l'administration militaire, par M. Lewal, colonel d'état-major. Paris, Dumaine. . . . . 1 fr.

De l'administration militaire et du fonctionnement des services administratifs. — Réponse à M. le colonel Lewal, par M. Anatole Baratier, sous-intendant militaire. Paris, Dumaine. . . . . 1 fr.

De l'aérostation militaire, par M. Delambre, capitaine du génie. . . . . 75 c.

De la photographie et de ses applications aux besoins de l'armée, par M. Dumas, capitaine d'état-major, chef du service photographique au ministère de la guerre. . 75 c.

Instruction de l'infanterie, préparation au service de guerre, par M. Percin, capitaine du génie. . . . . . . 75 c.

De l'emploi militaire des chemins de fer, par M. Delambre, capitaine du génie . . . . 75 c.

De l'enseignement de la géographie, par M. Bourboulon, chef de bataillon. . . . . 75 c.

RÈGLEMENTS ÉTRANGERS

Règlement du 3 Août 1870 sur les exercices de l'infanterie de l'armée royale de Prusse. Traduit de l'allemand par J. Monlezun, lieutenant au 120e régiment d'infanterie. 1 volume in-12 avec figures et planches de musique donnant toutes les sonneries et batteries. Paris. Tanera. 4 fr.

Instruction du 9 juin 1870, concernant le service de garnison de l'armée prussienne. Traduit de l'allemand par MM. Samion et Laplanche. Brochure in-12. Paris, Berger-Levrault. . . . . 1 fr. 25

Sous presse :

MANUEL DU SAPEUR D'INFANTERIE. Instruction pratique spéciale. Traduit de l'italien. 1 volume in-12 avec cent planches. Paris, Tanera.

INSTRUCTION DE 1870 SUR LE SERVICE EN CAMPAGNE DE LA CAVALERIE DE L'ARMÉE SUÉDOISE. Traduit du suédois par MM. Siwers et Martin. 1 vol. in-12, avec figures dans le texte. Paris, Tanera.

RÈGLEMENT DE 1870 SUR LES EXERCICES DE LA CAVALERIE AUTRICHIENNE. Traduit de l'allemand par V. Zeude, chef d'escadron de cavalerie. 1 vol. in-12. Paris, Tanera.

OUVRAGES DIVERS

ORGANISATION DE L'ARMÉE DE L'ALLEMAGNE DU NORD. Recrutement et libération. Traduit de la 12e édition de l'ouvrage sur l'organisation de l'armée allemande, du général de Witzleben par le commandant Le Maitre. Paris, Berger-Levrault. 2 fr.

COURS RÉDUIT DU TIR, par Borreil, capitaine au 124e de ligne. 2e édition. 1 volume in-12. Paris, Dumaine . . . . . 60 c.

MANUEL D'HYGIÈNE et de premiers secours. Traduit de l'allemand par le docteur Bürgkly. Br. in-12. Paris, Dumaine . . 60 c.

MANUEL DU SOLDAT. I. Service intérieur. II. Instruction sur le démontage, le remontage et l'entretien de l'arme. III. Notions sur le tir du fusil d'infanterie. IV. Transport des troupes d'infanterie au chemin de fer. V. Notions d'hygiène. VI. Service des places. VII. Service en campagne. 1 volume in-18 cartonné. Paris, Tanera . . . 50 c.

ÉTUDES SUR L'ART DE CONDUIRE LES TROUPES (2e partie), par Verdy du Vernois. Traduit de l'allemand par Masson, capitaine d'état-major. 1 vol in-12. Paris, Dumaine, et Bruxelles, Muquardt, 1872 . . . . 2 fr. 50

LES TRAINS SANITAIRES. Étude sur l'emploi des chemins de fer pour l'évacuation des blessés et malades en arrière des armées, par le Dr Morache. Brochure in-8º. Paris, Dumaine, 1872 . . . . 1 fr. 50 c.

CONSTRUCTION ET DESTRUCTION DES CHEMINS DE FER EN CAMPAGNE, par Wibrotte. Brochure in-8º. Paris, Dumaine, 1872.

Paris. — Imp. H. Carion, 64, rue Bonaparte.

www.ingramcontent.com/pod-product-compliance
Lightning Source LLC
LaVergne TN
LVHW010338070726
842526LV00015BA/1817